Documents manquants (pages, cahiers...)

NF Z 43-120-13

EXPOSÉ

DE

L'INSTRUCTION PUBLIQUE,

EN FRANCE

SON HISTOIRE, SON ÉTAT ACTUEL

Par Melchior DUBOYS

MEMBRE CORRESPONDANT DE LA SOCIÉTÉ DE GÉOGRAPHIE DE
LISBONNE (PORTUGAL)

CHEVALIER, OFFICIER ET COMMANDEUR DE DIVERS ORDRES
AUTORISÉS PAR LE GRAND CHANCELIER DE L'ORDRE DE LA
LÉGION D'HONNEUR

PITHIVIERS

IMPRIMERIE-LIBRAIRIE FORTEAU

—

1885

EN PRÉPARATION

Brochure contenant

LE PROGRAMME DE L'ENSEIGNEMENT SECONDAIRE

MANUEL DE MORALE CIVIQUE

d'après les lois d'enseignement

EXPOSÉ

DE

L'INSTRUCTION PUBLIQUE

EN FRANCE

SON HISTOIRE, SON ÉTAT ACTUEL

Par Melchior DUBOYS

MEMBRE CORRESPONDANT DE LA SOCIÉTÉ DE GÉOGRAPHIE DE
LISBONNE (PORTUGAL)

CHEVALIER, OFFICIER ET COMMANDEUR DE DIVERS ORDRES
AUTORISÉS PAR LE GRAND CHANCELIER DE L'ORDRE DE LA
LÉGION D'HONNEUR

PITHIVIERS

IMPRIMERIE-LIBRAIRIE FORTEAU

1885

PREMIÈRE PARTIE

—

HISTORIQUE

—

CHAPITRE Iᵉʳ.

Avant la domination romaine, on ne peut trouver chez les Gaulois que des traces à peine visibles d'instruction publique. Les Druides, il est vrai, donnaient à ceux qui devaient leur succéder et aux enfants des chefs de Tribus, un certain enseignement; mais on comprend facilement combien il était restreint, à la fois par le petit nombre de ceux qui étaient appelés à en profiter et par les matières dont il était composé.

Que l'on se représente la civilisation romaine telle qu'elle était au premier siècle de l'ère chrétienne, après Octave, Tibère et Caligula, et que l'on se souvienne de la force expensive de ce peuple qui avait

conquis le monde : que l'on en rapproche la primiti-
veté des Gaulois qui n'avaient pour temples que la
réunion de pierres gigantesques à peine dégrossies,
pour habitations et pour palais de misérables huttes
groupées auprès d'un fleuve, pour vêtements que des
peaux de bêtes, et, l'on s'expliquera, le peu d'obsta-
cles que les mœurs romaines ont rencontré pour s'in-
troniser dans les Gaules, une seule chose étonnera,
c'est que le peuple conquis n'ait pas été absolument
absorbé par le peuple conquérant.

Ce fait s'explique par la décadence des Romains
sous les empereurs et par l'influence prépondérante
que ne tarda pas à prendre le christianisme.

Lyon, Autum, Marseille et bien d'autres villes
avaient été dotées d'Ecoles par Caligula ; mais la foi
catholique fut plus rapide dans son développement
que ne l'avait été le paganisme et en moins d'un
siècle, Arles, Narbonne, Vienne, Reims, Trèves, etc.,
eurent une Eglise épiscopale et des chapelles, des mo-
nastères s'élevèrent sur tous les points de la Gaule.
Après l'invasion des Francs, qui s'assimilèrent les
Gaulois déjà quelque peu latinisés, le christianisme
trouva un nouvel essor dans la protection que lui
accorda Clovis, le premier Roi chrétien, qui foulât ce
territoire ; le cinquième siècle, celui des Pères est, du
reste, l'âge d'or de l'Eglise. En même temps que ses
temples, les écoles se multiplièrent.

Il ne faudrait cependant pas s'exagérer l'importance
de ce mouvement ni sa durée : elle prit fin sous l'épo-

que barbare des maires du Palais et des rivalités san-
glantes ; en outre, les écoles ouvertes dans les monas-
tères n'étaient guère instituées qu'en vue de fournir
des prêtres futurs et des Néophytes destinés à devenir
apôtres. L'Eglise comme elle l'a toujours fait, agissait
Ad majorem Dei gloriam et l'on sait qu'à ses yeux
la gloire divine est subordonnée à la sienne propre.

Jusqu'à Charlemagne, le pouvoir royal semble s'être
complètement désintéressé de la question de l'enseignement ; à peine trouve-t-on un indice d'une préoccupation quelconque à ce sujet dans la tolérance à
l'intérieur du palais des maîtres chargés de l'instruction des enfants des Rois.

Charlemagne donna du premier coup à cette école
une impulsion avec sa taille et son génie ; de tous les
points de l'empire, des maîtres furent appelés : Paul,
de la Lombardie ; Leirade, de la Bavière ; Clément, de
l'Irlande ; Pierre de Pise, de Toscane. C'est d'Angleterre que vint Alcuin, son ministre des lettres. Une
circulaire datée de 788 tend à développer et à encourager l'enseignement donné dans les écoles claus-
trales : « Bien faire, dit-il, vaut mieux que savoir, mais
savoir précède faire. » Des écoles surgissent de tous les
côtés, quelques-unes d'entr'elles sont restées célèbres :
citons celles de Lyon, Fulde, Ferrière, Saint-Van-
drille, Metz, etc... Après Alcuin et Charlemagne,
l'instruction publique périclita : la féodalité naît avec
le capitulaire de Kiersy sur Oise ; la création de ce
grand nombre de puissances voisines et par conséquent

jalouses, va mettre la France dans un état de guerre civile continuel ; on ne se préoccupera que de la force physique, on n'honorera qu'elle ; les lettres seront dédaignées et l'on méprisera ceux qui, sans y être contraints, sauront lire et écrire, c'est le règne de l'ignorance générale, de l'orgueil et de la bestialité en haut, de la servilité et de la crainte en bas.

Les croisades eurent un très grand effet sur le développement intellectuel. En rapprochant le serf de son seigneur, en donnant à l'un et à l'autre des occasions de mieux se connaître et s'apprécier au milieu des dangers communs, elles diminuèrent la distance qui les séparait ; elles donnèrent au clergé une nouvelle puissance ; enfin, les esprits ne purent que s'éveiller à la vue de toutes les choses nouvelles qui vinrent les impressionner pendant le cours de ces lointains voyages.

Mais ce qui devait influencer le plus les siècles qui vont suivre, c'est la découverte d'œuvres d'Aristote que les Arabes commentaient depuis trois siècles et qui, jusque-là, étaient restées inconnues en Europe.

L'esprit humain, au sortir des profondes ténèbres dont l'avait enveloppé la féodalité, éprouve le besoin d'affirmer son existence par la discussion, et c'est de ce besoin que naquirent les luttes scolastiques qui devaient accaparer toutes les intelligences pendant le Moyen-Age.

On peut dire que l'interprétation d'Aristote est la

première manifestation en France de l'enseignement supérieur. Lorsqu'un homme, plus intelligent que la moyenne, se fut fait une idée sur ces textes, il chercha à faire partager sa croyance et à réunir des adeptes. Remi d'Auxerre est un de ces premiers professeurs, il est le prédécesseur de Guillaume de Champeaux, dont Abailard fut l'élève.

Abailard fut un des plus ardents et des plus avancés parmi ces philosophes militants; le bruit des luttes qu'il soutenait à Paris attira dans cette ville un grand nombre de curieux qui, de simples spectateurs, devinrent bientôt disciples, puis apôtres eux-mêmes.

L'affluence fut tellement grande qu'on sentit vite le besoin de se préserver les uns des autres par des règlements; on se sépara d'abord en nations, selon les lieux d'origine de chacun, puis en Facultés, suivant la branche d'enseignement à laquelle on se consacrait; c'est ainsi que l'on eut les nations de France, Picardie, Angleterre et Normandie, subdivisées elles-mêmes en tribus.

Dans le but de diminuer les dépenses matérielles que nécessitait leur séjour à Paris, les écoliers eurent l'idée de se réunir dans de vastes locaux où ils prirent leur nourriture, et que l'on appela collèges. Plus tard, pour éviter le retour des désordres qui s'étaient produits, les professeurs vinrent donner leurs leçons à l'intérieur de ces maisons, que les élèves ne quittèrent plus, et c'est ainsi que ce nom de collège prit l'acception que nous lui connaissons aujourd'hui.

Ce n'est qu'en 1200 que l'on voit le pouvoir civil s'occuper de règlementer les écoles. Philippe Auguste réunit toutes celles de Paris en une seule corporation. Le pouvoir religieux par une bulle d'Innocent III (1208) s'en occupa également, mais l'Université ne fut réellement fondée que par Saint-Louis qui, en 1215, chargea Robert de Courçon d'en élaborer les statuts. On fixa les garanties à prendre pour s'assurer de la moralité et de l'aptitude des professeurs. Nul ne peut enseigner avant 21 ans d'âge et six ans d'école. Dans le but d'encourager l'étude, de grands privilèges furent accordés aux écoliers : ils furent soustraits à la justice séculière, exemptés des impôts, etc. Secondés ainsi, les collèges ne tardèrent pas à se multiplier. Le plus célèbre d'entr'eux fut celui que créa en 1250 Robert de Sorbon et qu'on appela la Sorbonne, du nom de son fondateur. Il fut consacré particulièrement, à l'étude de la théologie et devint, par la suite, le siège de cette Faculté.

Les élèves et les professeurs ne tardèrent pas à abuser des privilèges qui leur avaient été donnés : le Pré-aux-Clercs et la foire du Landit sont restés célèbres par les exactions des écoliers. Bruyants, batailleurs, tumultueux et arrogants, ils étaient la terreur des bourgeois, et maintes fois le guet eut maille à partir avec eux. L'Université, orgueilleuse de ses droits déjà si considérables, les exagéra encore et ne voulut plus reconnaître aucun pouvoir au dessus d'elle : le pape et le roi durent la combattre et la traiter d'égal à égal, car

Charles V, en lui donnant le titre de *Fille aînée des Rois*, l'avait soustraite à l'autorité du parlement. Charles VII par son ordonnance du 27 mars 1446 la fit rentrer sous cette autorité, l'Université saisit avec empressement le premier prétexte qui s'offrit à elle pour manifester son mécontentement et, usant du droit qui lui avait été conféré par le pape Grégoire IX en 1231, elle suspendit ses cours et ses sermons pendant près d'un an. Une bulle du pape Pie II lui ayant interdit de prendre cette mesure dans l'avenir, elle réclama et obtint gain de cause.

Depuis trois cents ans que l'Université existait, l'instruction publique en France n'avait fait que des progrès médiocres : l'enseignement primaire est nul, les petites écoles créées par Charlemagne sont à peu près vides ; l'enseignement secondaire n'est pas même soupçonné, l'enseignement supérieurs eul est en honneur, mais les matières qui le composent sont tout à fait confuses, on discute, on ergote sur des points d'un intérêt infime ; les sept arts libéraux de Martianus Capella sont encore la base de l'instruction. Les textes ont seuls force de vérité : si la nature se trouve en contradiction avec eux, c'est la nature que l'on condamnera. Toutes les intelligences sont hypnotisées sur les écrits imparfaits et dénaturés des anciens, quiconque oserait, non pas les contester mais seulement les juger serait puni de la peine du bûcher. L'Eglise contribua beaucoup à maintenir les esprits dans cette ignorance présomptueuse ; insconsciemment peut-être, mais il est certain que la Réforme seule aura le pouvoir de les faire sortir de leur torpeur.

Cependant, une effervescence commençait à se produire dans l'Europe entière : la découverte de l'Amérique par Christophe Colomb, en dérangeant les systèmes jusque-là reconnus infaillibles, donna quelque peu à réfléchir ; l'imprimerie, qui allait répandre et mettre à la portée de tous les œuvres nouvelles, en remplaçant les manuscrits si rares, si chers et si inexacts par des livres nombreux et plus concis ; le retour vers les beautés antiques et le sentiment que les armées en rapportèrent en France après la guerre d'Italie, tout cela prépara et détermina ce mouvement gigantesque et étonnant qu'on a appelé la Renaissance.

L'homme va sembler voir le monde pour la première fois, il délaissera le palimpseste qui l'absorbait, et se décidera à invoquer le témoignage de ses sens et de sa raison. Il va étudier dans la Nature, dans ce recueil de toutes sciences qu'il a toujours eu devant ses yeux, et qu'il s'était obstiné à ne pas voir. André Vésale et Servet oseront, d'une main tremblante, déchirer de leur scalpel les cadavres de leurs semblables et chercheront à trouver dans la mort le secret de la vie.

Le Moyen-Age semble avoir été l'âge critique de l'humanité. Pendant ce long espace de temps elle reste stationnaire, mais elle sort de ce repos, de ce sommeil intellectuel avec une vigueur surprenante. Elle va, dès lors, marcher à pas de géant vers ce but, qu'elle ne peut voir ni deviner, mais vers lequel elle se sent invinciblement attirée. Jusque-là, comme l'enfant qui ne peut se créer une opinion par lui-même, elle a accepté les croyances qu'on lui a imposées ; avec la Renaissance elle semble prendre conscience d'elle-même et demande des preuves de ce qu'on lui a appris ; jugeant ensuite ces preuves insuffisantes, elle niera et, avec la Révolution, voudra briser toutes les idoles ; cet instant de fureur passé, murie, ayant assez vécu ou du moins connaissant assez son existence pour y puiser des enseignements, elle cherchera patiemment, aussi éloignée de la croyance aveugle que de la négation absolue ; elle ne laissera pas un coin de terre inexploré, fouillera, à l'aide de ses télescopes, les chaos des Mondes dans l'espoir d'y trouver une trace du Dieu qui l'a créée ou l'essence de la matière dont elle fait partie.

..... A quoi aboutira-t-elle ?

Le vingtième siècle l'apprendra peut-être à nos enfants.

Peut-être semble-t-il au lecteur que nous nous sommes écarté de notre sujet : nous n'avons fait qu'en indiquer les grandes lignes, car la question du développement intellectuel de l'humanité et celle de l'Instruction publique chez le plus éclairé de ses peuples, se touchent par tant de points qu'elles semblent n'en faire qu'une à qui les voit de haut.

II.

L'Université ne pouvait accepter immédiatement ces innovations. Elle était déjà trop organisée, trop administrative, trop vieille, pour voir ce mouvement avec plaisir; encore moins pouvait-elle se décider à y prendre part. Aristote et Albert le Grand avaient été pendant trop longtemps ses dieux pour qu'elle les reniât si vite. A défaut de piété, l'habitude conserve les adorateurs. François Ier la laissa se renfermer dans son admiration stagnante du passé et fonda, sans son concours, le Collège de France.

Sous l'inspiration de Guillaume Budé et de Jean du Bellay, il institua, en 1530, en dehors de l'Université, deux chaires libres, l'une de Grec, l'autre d'Hébreu. En 1532, chacune de ces langues était professée par trois maîtres. Les cours étaient gratuits. On comprend dès lors quel mécontentement dut ressentir l'Université, dont les professeurs vivaient du produit de leurs leçons, tandis que ceux du Collège royal recevaient une subvention du gouvernement. Elle eut cependant la pudeur de ne pas baser ses réclamations sur ces griefs monétaires, et c'est au nom de la religion que le syndic de la Faculté de Théologie, Noël Beda, s'éleva contre l'enseignement du Grec et de l'Hébreu. Quoique le talent de l'avocat de Marillac eut fait justice de ces allégations, l'Université n'en persista pas moins dans la voie où elle était entrée et, l'année suivante, elle accusa le Collège de France d'être sympathique aux idées de la Réforme. Malgré l'arrêt du parlement qui, à la suite de cette attaque, interdisait aux nouveaux professeurs l'enseignement des Saintes Ecritures, le Roi continua de les protéger et répondit à cette persécution par la création d'une nouvelle chaire. Il rendit ainsi un grand service aux lettres car l'Université s'entêtait à professer dans, un latin barbare, les puérilités de la scolastique, se refusant systématiquement à l'introduction dans son enseignement des deux langues indispensables pour la connaissance exacte de l'antiquité.

Pendant tout le moyen-âge, la seule science dont on s'occupât était la philosophie. Les sciences naturelles étaient non seulement écartées, mais niées par le corps enseignant. François Ier répara cette erreur en instituant deux chaires de mathématiques, et une de médecine qu'il confia à son propre médecin, Vidus Vicius. Sous Henri II, en 1551, la chaire de philosophie et d'éloquence fut confiée à Pierre la Ramée, plus connu sous le nom de Ramus.

Ramus qui était fils d'un laboureur et fort pauvre, vint à Paris et, pour faire ses études sans frais, se fit domestique d'un écolier. Il devint professeur au collège de l'Ave-Maria, et y enseigna les doctrines qui absorbèrent son existence et qui devaient lui coûter la vie. Il eut le courage de contester les autorités établies et de subordonner toutes les convictions au contrôle de la raison. La Sorbonne fut indignée de cette audace

et Ramus, dénoncé à François Ier et déféré au parle=
ment, dut cesser d'enseigner la philosophie. Henri II
rapporta cette interdiction et lui confia, comme nous
l'avons dit, une des chaises les plus importantes du
Collège Royal. Les persécutions ne cessèrent pas pour
cela; elles reprirent une nouvelle force après sa con-
version au protestantisme. Forcé de quitter la France,
il parcourut l'Europe et ne revint à Paris que pour y
trouver la mort. Ses ennemis profitèrent de la Saint-
Barthélemy, et l'assassinèrent dans son cabinet de travail. On doit à ce martyr des grammaires latine,
grecque et française qui, longtemps, après lui furent
conservées comme les meilleurs livres scolaires en ce
genre; il eut une influence des plus heureuses sur
l'étude de la philosophie, et il peut être considéré
comme le premier grand maître laïque.

On pourrait croire que l'enseignement religieux
épuisé, va être vaincu dans sa lutte avec les successeurs
de Ramus, et laisser au Progrès toutes les facilités dans
sa marche en avant. C'est ce qui serait probablement
arrivé si une secte nombreuse et puissante ne se fut
abattue à cette époque sur la France, et, à force d'as-
tuce et de bassesses, n'eût confisqué pendant deux
siècles l'enseignement à son profit. Nous voulons
parler des Jésuites. Ils n'eurent pas à combattre le
collège de France qui se consacrait exclusivement à
l'enseignement supérieur, mais ils fondèrent l'enseignement secondaire et ne rencontrèrent sur ce terrain
d'autre adversaire que la sénile Université. Celle-ci ne

se laissa pas cependant égorger sans se défendre, et l'histoire de l'enseignement public en France, depuis l'arrivée des Jésuites jusqu'à leur bannissement, tient presque tout entière dans cette lutte où, de part et d'autre, on déploya une grande vigueur.

Les Jésuites eurent eux-mêmes à combattre de nouvelles congrégations enseignantes. En apportant un esprit plus libéral et plus moderne, les Oratoriens et les Religieux de Port-Royal auraient immédiatement triomphé d'ennemis moins perfides et moins insinuants. Les Jésuites résistèrent efficacemment, mais ils ne sûrent pas s'arrêter à temps ni se contenter de la part énorme qu'ils avaient conquise. Ils n'aspiraient à rien moins qu'à gouverner la Société ; ils eurent le tort de faire sentir leur puissance et indisposèrent ainsi tous les esprits. Aussi, lorsque l'arrêt de 1762 les eut bannis de France à la suite de la faillite scandaleuse d'un des leurs, ce fut un contentement général. Comme on le pense bien, l'Université n'y prit pas qu'une faible part. Heni IV en avait considérablement amendé l'organisation : une commission formée de Harlai, de Thou, Molé, Séguier avait été chargée d'étudier sa réforme. Le règlement élaboré fut publié le 18 Septembre 1600. Il a formé la base de la législation de l'Université jusqu'à la Révolution.

Il fut défendu de recevoir des jeunes gens non catholiques comme élèves ; les portes des collèges durent être fermées à neuf heures, les écoliers pauvres furent dispensés des frais d'examen ; on prescrivit aux docteurs en médecine de ne jamais révéler les secrets que la confiance de leurs malades, le hasard ou leur pénétration auraient pu leur faire découvrir; enfin, des inspecteurs furent institués à l'intérieur des collèges.

L'Université avait en outre été fort avantagée par l'ordonnance du 14 Avril 1719 qui, en mettant à la charge de l'Etat le traitement de ses professeurs, lui permit de donner gratuitement ses leçons et la rendit ainsi capable de supporter la concurrence des institutions libres.

Mais elle avait perdu depuis Richelieu toute son influence politique, et la victoire qu'elle remporta sur ses adversaires, ne servit qu'à retarder de quelque temps l'époque de sa disparition. Elle mourut de veillesse, et le décret de la Convention qui la supprima ne fit que rendre officiel un évènement déjà accompli.

III.

Ainsi, jusqu'à la Révolution, l'enseignement fut l'apanage exclusif de l'Eglise, qui ne voyait en lui qu'un moyen d'augmenter son autorité. Ce n'est que peu à peu et à regret qu'elle entra dans la voie de la généralisation de l'enseignement. Elle sentait que si elle ne se décidait pas à suivre le mouvement commencé, d'autres plus audacieux qu'elle chercheraient à le diriger. Elle n'accepta donc l'instruction que comme un mal qu'elle entendait diminuer en s'en occupant. C'était, du reste, la ligne naturelle de conduite d'une religion qui exige de ses disciples l'abstraction de soi-même, l'humilité vile, l'obéissance passive et l'ignorance la plus complète. « Bien heureux les pauvres d'esprit car le royaume des cieux leur appartient ! » dit le Code catholique ; le but de la religion étant de faire profiter du bonheur céleste le plus grand nombre possible d'individus, elle était logique avec elle-même en cherchant à conserver tous les esprits dans la pauvreté nécessaire. On a voulu nier l'obscurantisme religieux en rappelant les efforts stériles tentés par César de Bus et Jean-Baptiste de la Salle pour constituer l'enseignement primaire. On s'est trompé où l'on a voulu tromper en rapportant ces tentatives à un désir louable d'instruction ; elles n'ont été faites que parce que les protestants avaient pour ainsi dire inscrit en tête de leur dogme l'instruction obligatoire, en contraignant chacun à chercher dans la lecture de la Bible la religion qu'il voulait s'imposer ; ce n'est que pour devancer la Réforme que le catholicisme s'est occupé de l'instruction des classes pauvres. Elle eût préféré que cette instruction n'eût pas lieu, mais la voyant inévitable, elle a préféré la gouverner elle-même et la maintenir à son gré.

L'Etat, du reste, était sous l'autorité d'un roi qu'un prêtre commandait, et ceci explique l'abstention des gouvernants, qui ne comprendront qu'après la Révolution le devoir d'instruire tout homme et de lui fournir ainsi les armes dont il a besoin pour le combat de la vie ; l'honnêteté qu'il y a à ne pas faire de ce bienfait la propriété exclusive d'une classe privilégiée ; et la sagesse qui dicte au législateur cette pensée, charitable entre toutes, de faire le bien même à qui ne le demande pas et d'imposer l'instruction obligatoire à ceux qui n'en auraient pas profité sans cela.

La Révolution de 1789 rêva du premier coup la perfection et chercha à l'inscrire dans nos lois.

Dès 1791, une loi constitutionnelle établit la création d'une instruction publique commune à tous les citoyens, gratuite à l'égard des parties d'enseignement indispensables à tous les hommes.

La Convention fonda l'Ecole polytechnique sous le nom d'Ecole centrale des travaux publics, l'Ecole des langues orientales, le bureau des longitudes, les archives, etc.; réorganisa le Collège de France, le Muséum, l'Ecole des mines, l'Ecole du génie et l'Ecole de navigation.

Au milieu des troubles de l'intérieur et des préoccupations que lui coûtait l'organisation de la victoire au dehors, elle ne cessa de s'occuper de cette question primordiale; tout fut prévu et indiqué par elle, depuis le traitement des instituteurs des campagnes jusqu'au règlement des écoles normales, depuis l'enseignement de l'alphabet aux petits paysans, jusqu'à l'enseignement professionnel, l'Ecole des hautes études et les Ecoles centrales.

Mais les géants de la Révolution étaient trop grands et leurs doctrines trop avancées pour que le résultat désiré fut obtenu immédiatement, il fallut encore près d'un siècle pour que les principes arrêtés par eux entrassent en voie d'exécution.

Ce n'est, en effet, qu'en 1882 que l'obligation et la gratuité de l'enseignement primaire furent inscrites dans notre Code.

Nous ne nous arrêterons pas aux lois de réaction et de liberté, alternativement annulées les unes par les autres, qui marquèrent les étapes du long chemin parcouru ; nous ne pouvons cependant passer sous silence les principales de ces lois, et ne pas rappeler d'un mot celle du 17 mars 1808, qui en rétablissant l'Université, lui donna le monopole de l'enseignement ; celle du 28 juin 1833, qui mit enfin à exécution une partie des principes établis par la Révolution, mais en les restreignant ; celle du 15 mars 1850, qui plaça l'enseignement dans la main de l'Eglise ; celle du 20 juin 1854, qui substitua à l'autorité des évêques celle des préfets, et d'une compression religieuse fit une compression politique.

Avec la fin de l'empire qui, après avoir usé de tous les moyens, se décida à employer pendant un moment les seuls auxquels il n'eut pas encore songé : les bons ; nous assistons à des mesures libérales en faveur de l'enseignement, prises sous le ministère de M. Duruy.

Après 1870, les monarchistes, maîtres de la République, sous prétexte de liberté de l'enseignement cherchent à le replacer entre les mains du clergé (lois du 19 mars 1873 et 19 juillet 1875.)

Enfin, la République exista de fait et, à la suite des lois du 16 juin 1881 et 28 mars 1882, la France eut reconquis sa place au premier rang parmi les nations civilisées.

DEUXIÈME PARTIE

—

ETAT ACTUEL

—

CHAPITRE II

—

ORGANISATION GÉNÉRALE

—

La France est divisée aujourd'hui, sous le rapport de l'Instruction publique, en dix-sept circonscriptions académiques dont les chefs-lieux sont : Aix, Alger, Besançon, Bordeaux, Caen, Chambéry, Clermont, Dijon, Douai, Grenoble, Lyon, Montpellier, Nancy, Paris, Poitiers, Rennes et Toulouse.

Chaque académie est administrée par un RECTEUR.

Ce titre était donné jadis au chef de chaque Université. Le recteur de Paris avait droit de juridiction non seulement sur les membres et suppôts de l'Université, mais encore sur la partie des quartiers de la rive gauche de la Seine, où s'élevaient les collèges; il convoquait et présidait l'Université et était chargé de la surveillance des établissements d'enseignement de son district.

Aujourd'hui le Recteur d'une académie gouverne, au point de vue de l'Instruction publique, toute sa circonscription; il est assisté d'autant d'inspecteurs d'académie qu'elle compte de départements.

Les Recteurs reçoivent des Instructions par voie de circulaires. Elles émanent du Ministre et du Conseil supérieur d'Instruction publique.

C'est sur la composition du Conseil supérieur de l'Instruction publique qu'ont été livrées toutes les grandes batailles relatives à l'enseignement.

Etabli en germe par la loi du 15 mars 1808 et alors composé de dix membres nommés par le grand maître, qui lui même tenait sa dignité de l'empereur, il n'apparait réellement qu'après la loi du 17 février 1845, qui lui donne le nom de Conseil Royal. Il est alors composé d'un président et de onze conseillers nommés par le roi, dont deux choisis dans le clergé et deux dans le Conseil d'Etat et dans les cours souveraines. La loi du 15 mars 1850 y fait entrer quatre archevêques ou évêques élus par leurs collègues; trois ministres des autres cultes reconnus; trois membres de l'enseignement libre nommés par le président de la République; trois membres du Conseil d'Etat, trois de la

Cour de cassation, trois de l'Institut; l'Université n'y est plus représentée que par huit membres nommés par le président de la République, qui formeront la section permanente et n'auront aucune autorité sur l'enseignement libre. Dans chacune des académies, c'est-à-dire dans chaque département, il y a un conseil académique qui est comme une réduction du Conseil supérieur et se recrute suivant une méthode analogue : l'évêque ou son délégué, un prêtre désigné par lui et deux ministres des cultes dissidents y représentent l'élément ecclésiastique; le préfet ou son délégué, le procureur général ou le procureur de la République, un membre de la Cour d'appel ou du Tribunal, quatre membres élus par le Conseil général y représentent ce qu'on appelait alors les « grandes forces sociales »; l'élément universitaire n'y est plus représenté que par le recteur, un inspecteur d'académie ou un fonctionnaire universitaire désigné par lui, et, s'il y a des facultés dans le département, par les doyens de facultés.

Dans le Conseil académique de la Seine, outre l'évêque et son délégué, figurent trois ecclésiastiques désignés par lui.

Comme on le voit, c'est là cléricalisation de l'enseignement.

A la suite du coup d'Etat, un décret-loi du 9 mars 1852 modifia l'organisation du conseil supérieur en y ajoutant un archevêque et en faisant nommer par l'empereur les évêques, les membres du Conseil d'Etat, de la Cour de cassation, de l'Institut, qui étaient jusque-là élus par leurs pairs.

La loi du 19 mars 1873 s'empressa de rétablir le principe de l'élection, mais l'enseignement, et plus spécialement l'enseignement de l'Etat, continue à s'y trouver en minorité. Le Conseil supérieur est composé de : trois membres du Conseil d'Etat, quatre archevêques ou évêques, trois délégués des cultes dissidents, deux membres de la Cour de cassation, cinq membres de l'Institut, un de l'Académie de médecine, un de chacun des conseils des arts et manufactures du commerce, de l'agriculture, deux représentants du ministère de la guerre et de celui de la marine.

Suivant la loi du 27 février 1880, le Conseil supérieur est composé comme suit :

. Le Ministre, président ;

Cinq membres de l'Institut, élus par l'Institut en assemblée générale et choisis dans chacune des cinq classes ;

Neuf conseillers, nommés par décret du Président de la République, en conseil des ministres, sur la présentation du ministre de l'instruction publique et choisis parmi les directeurs et anciens directeurs du ministère, les inspecteurs et anciens inspecteurs généraux, les recteurs et anciens recteurs, les inspecteurs et anciens inspecteurs d'académie, les professeurs en exercice et anciens professeurs de l'enseignement public ;

Deux professeurs du collège de France, élus par leurs collègues ;

Un professeur du Muséum, élu par ses collègues;

Un professeur titulaire des facultés de théologie catholique, élu par l'ensemble des professeurs, des suppléants et des chargés de cours desdites Facultés ;

Un professeur titulaire des facultés de théologie protestante, élu de la même façon ;

Deux professeurs titulaires des facultés de droit, élus au scrutin de liste par les professeurs, les agrégés et les chargés de cours ;

Deux professeurs titulaires des facultés de médecine, élus de la même manière ;

Un professeur titulaire des écoles supérieures de pharmacie ou des facultés mixtes, élu pareillement ;

Deux professeurs titulaires des facultés des sciences, élus de la même façon ;

Deux professeurs titulaires des facultés des lettres, élus de la même manière ;

Deux délégués de l'Ecole normale supérieure, un pour les lettres, l'autre pour les sciences, élus par le directeur, le sous-directeur et les maîtres de conférences de l'Ecole et choisis parmi eux ;

Un délégué de l'Ecole normale d'enseignement spécial, élu de la même façon ;

Un délégué de l'Ecole nationale des chartes, élu par les membres du conseil de perfectionnement et les professeurs et choisi parmi eux ;

Un professeur titulaire de l'Ecole des langues orientales vivantes, élu par ses collègues ;

Un délégué de l'Ecole polytechnique, élu par le

commandant, le commandant en second, le directeur des études, les examinateurs, professeurs et répétiteurs de l'école et choisi parmi eux ;

Un délégué de l'Ecole des Beaux-Arts, élu par le directeur et les professeurs de l'école et choisi parmi eux ;

Un délégué du Conservatoire des Arts et Métiers, élu par le directeur et les professeurs et choisi parmi eux ;

Un délégué de l'Ecole centrale des Arts et Manufactures, élu de la même façon ;

Un délégué de l'Institut agronomique, élu d'après le même mode ;

Huit agrégés en exercice de chacun des ordres d'agrégation (Grammaire, Lettres, Philosophie, Histoire, Mathématiques, Science physiques ou naturelles, Langues vivantes, Enseignement spécial), élu par l'ensemble des agrégés du même ordre qui sont professeurs ou fonctionnaires dans les lycées ;

Deux délégués des collèges communaux, élus l'un dans l'ordre des lettres, l'autre dans l'ordre des sciences, par les principaux et professeurs en exercice dans ces collèges, pourvus du grade de licencié, dans le même ordre ;

Six membres de l'enseignement primaire, élus au scrutin de liste par les inspecteurs généraux de l'instruction primaire, par le directeur de l'enseignement primaire de la Seine, les inspecteurs d'académie des départements, les inspecteurs primaires, les directeurs et directrices des écoles normales primaires, la directrice de l'Ecole Pape-Carpentier, les inspectrices générales et les déléguées spéciales chargées de l'inspection des salles d'asile;

Quatre membres de l'enseignement libre nommés par le Président de la République sur la proposition du Ministre.

Tous les membres du conseil sont nommés pour quatre ans et leurs pouvoirs peuvent être indéfiniment renouvelés. Il se réunit en assemblée générale deux fois par an, et peut être convoqué en session extraordinaire par le Ministre. En outre, il est institué une section dite permanente composée de quinze membres et qui est chargée d'étudier les programmes et règlements avant qu'ils soient soumis à l'avis du conseil supérieur et de donner son avis sur les créations, transformations ou suppressions de chaires, sur les créations de facultés, lycées, collèges, sur les livres de classe, de bibliothèque et de prix qui doivent être interdits dans les écoles publiques et enfin sur toutes les questions d'études, d'administration, de discipline et de scolarité qui lui sont renvoyées par le Ministre.

Quant au conseil, il statue en appel et en dernier ressort sur les jugements rendus par les conseils académiques en matière contentieuse ou disciplinaire, sur ceux que rendent les conseils départementaux, lorsque ces jugements prononcent l'interdiction absolue d'enseigner contre un instituteur, public ou libre. Il donne son avis sur les programmes, méthodes d'enseignement, modes d'examens, règlements administratifs et disciplinaires relatifs aux écoles publiques, déjà étudiés par la section permanente; sur les règlements relatifs aux examens et à la collation des grades; sur les règlements relatifs à la surveillance des écoles libres; sur les livres d'enseignement, de lecture et de prix qui doivent être interdits dans les écoles libres comme contraires à la morale, à la Constitution et aux lois; sur les règlements relatifs aux demandes formées par les étrangers pour être autorisés à enseigner, à ouvrir ou à diriger une école.

Il est institué au chef lieu de chaque académie un *Conseil académique* composé :

1° Du recteur, président;

2° Des inspecteurs d'académie;

3° Des doyens des Facultés de théologie catholique et protestante, de droit, de médecine, des sciences et des lettres, des directeurs des écoles supérieures de pharmacie de l'Etat, des directeurs des écoles de plein exercice et préparatoires de médecine et de pharmacie et des directeurs des écoles préparatoires à l'enseignement supérieur des écoles et des lettres du ressort;

4° D'un professeur titulaire de chacune de ces facultés ou écoles supérieures de pharmacie du ressort, élu dans chacune d'elles par les professeurs, les suppléants, les agrégés en exercice, les chargés de cours et les maîtres de conférences;

5° D'un professeur titulaire des écoles préparatoires

de médecine et de pharmacie du ressort, élu par l'ensemble des professeurs;

6° D'un professeur titulaire des écoles préparatoires à l'enseignement supérieur des sciences et des lettres du ressort, élu de la même façon;

7° D'un proviseur et d'un principal d'un des lycées et collèges communaux de plein exercice du ressort, désigné par le Ministre;

8° De deux professeurs de l'ordre des sciences, agrégés ou docteurs, élus au scrutin de liste par les professeurs du même ordre.

9° De deux professeurs de l'ordre des lettres, agrégés ou docteurs, élus dans les mêmes conditions;

10° De deux professeurs des collèges communaux du ressort, pourvus du grade de licencié, l'un pour l'ordre des lettres, l'autre pour l'ordre des sciences, élus par l'ensemble des professeurs de ces établissements;

11° De deux membres choisis par le Ministre dans les conseils généraux et deux dans les conseils municipaux qui concourent aux dépenses de l'enseignement supérieur ou secondaire du ressort.

Les membres du conseil académique nommés par le Ministre ou élus, le sont pour quatre ans. Leurs pouvoirs peuvent être renouvelés.

Le conseil académique donne son avis sur les règlements relatifs aux collèges communaux, aux lycées et aux établissements d'enseignement supérieur public, etc. Il adresse chaque année au Ministre un rapport sur la situation des établissements d'enseignement public, secondaire et supérieur et ·sur les, améliorations qui peuvent y être introduites. Il est saisi par le Ministre ou le recteur des affaires contentieuses ou disciplinaires qui sont relatives à l'enseignement; il les instruit, et il prononce, sauf recours au conseil supérieur, les décisions et les peines à appliquer.

Le conseil académique se réunit deux fois par an en session ordinaire et peut être convoqué extraordinairement par le Ministre.

Au chef-lieu de chaque département est établi un Conseil départemental composé du préfet, des inspecteurs d'académie des inspecteurs d'instruction primaire nommés par le Ministre.

Il donne son avis: sur l'état des différentes écoles établies dans le département, sur les réformes à introduire dans l'enseignement, sur les secours et encouragements à accorder aux écoles primaires. Il rédige le règlement des écoles maternelles du département.

Dans chaque canton et dans chaque commune ont été créées des Delégations communales et cantonnales chargées de surveiller les écoles primaires.

Les délégués cantonnaux sont nommés pour trois ans et ont à surveiller les écoles publiques et libres du canton. Les délégués communaux sont, pour chaque école, le maire, le curé, le pasteur ou le délégué du culte israélite et un ou plusieurs habitants de la commune délégués par le conseil académique. Ils sont préposés à la surveillance et à la direction morale de l'enseignement primaire.

CHAPITRE III

L'Enseignement supérieur

L'Instruction publique supérieure est donnée en France par des « *Facultés.* »

Nous avons vu, dans le premier chapitre de cet ouvrage, de quelle façon elles se sont formées et comment elles étaient régies avant la Révolution.

Les Facultés actuelles ont leur origine dans le décret de Napoléon Ier qui les divisa ainsi : 1° Facultés de théologie ; 2° Facultés de droit ; 3° Facultés de médecine ; 4° Facultés des sciences mathématiques et physiques ; 5° Facultés des lettres. Cette subdivision est celle qui existe encore actuellement. Les Facultés sont, pour ainsi dire, des parties de l'*Université*, dont le siège est à la Sorbonne. On peut les définir ainsi : un corps de professeurs chargé par l'Etat de donner l'enseignement supérieur.

La distribution actuelle est la suivante :

Facultés de théologie. — Elles sont au nombre de cinq et établies à Paris, Aix, Bordeaux, Lyon et Rouen (Facultés catholiques), plus deux Facultés protestantes établies à Paris et Montauban.

Facultés de droit. — Elles sont au nombre de onze et établies à Paris, Bordeaux, Toulouse, Caen, Nancy, Rennes, Aix, Dijon, Douai, Grenoble et Poitiers.

Facultés de médecine. — Elles sont au nombre de trois et établies à Paris, Montpellier et Nancy.

Facultés des sciences. — Elles sont au nombre de quinze et établies à Paris, Lyon, Marseille, Bordeaux, Toulouse, Lille, Nancy, Caen, Dijon, Grenoble, Rennes, Montpellier, Besançon, Clermont et Poitiers.

Facultés des lettres. — Elles sont au nombre de quinze et établies à Paris, Lyon, Bordeaux, Toulouse, Caen, Nancy, Douai, Aix, Grenoble, Dijon, Montpellier, Poitiers, Rennes, Besançon et Clermont.

Dans les *Facultés de théologie catholique* on enseigne : le Dogme, l'Ecriture sainte, l'Histoire ecclésiastique, le Droit ecclésiastique, l'Hébreu, l'Eloquence sacrée, la Morale évangélique.

Dans les *Facultés de théologie protestante* on enseigne le Dogme, la Critique et l'exégèse du Nouveau Testament, l'Histoire ecclésiastique, la Philosophie, l'Hébreu, le Grec et la haute latinité, la Morale chrétienne.

Dans les *Facultés de droit* l'enseignement est ainsi réparti : Code civil, Droit romain, Droit des gens, Procédure civile et criminelle, Droit commercial, Droit administratif, Histoire du Droit, Droit français étudié dans ses origines coutumières et féodales, Economie politique, Pandectes, Droit Constitutionnel, Droit criminel, Droit maritime.

Dans les *Facultés de médecine* l'enseignement comprend les matières suivantes : Chimie, Anatomie, Physique médicale, Physiologie interne, Pathologie externe, médecine préparatoire clinique externe, clinique interne, clinique d'accouchements, Thérapeutique, Pharmacologie, Botanique, Hygiène, Médecine légale, Accouchements, Pathologie comparée et expérimentale, Histologie, l'Histoire de la médecine et de la chirurgie, Maladies mentales, Maladies des enfants, Ophthalmologie, Maladies cutanées et syphilitiques, Maladies du système nerveux.

Les matières de l'enseignement dans les *Facultés des sciences* se divisent ainsi : Physique, Chimie, Chimie organique, Calcul différentiel et intégral, Géométrie supérieure, Calcul des probabilités, Mécanique physique, Mécanique rationnelle, Astronomie Rhysique, Anatomie mathémathique, Physiologie, Zoologie, Géologie, Botanique, Algèbre supérieure.

Dans les *Facultés des lettres*, l'enseignement est réparti de la manière suivante : Eloquence latine, Eloquence française, Eloquence grecque, Littérature étrangère, Poésie latine, Poésie française, Poésie grecque, Philosophie, Histoire de la philosophie, Histoire ancienne, Histoire du Moyen-âge, Histoire moderne, Géographie, Archéologie, Littérature française du Moyen-âge et Cours d'histoire de la langue française, Histoire contemporaine, Sanscrit et Grammaire comparée des langues indo-européennes.

Au dessous des Facultés et ne différant d'elles que par le titre, sont établies trois *Ecoles supérieures de pharmacie* à Paris, Montpellier et Nancy. L'enseignement y est ainsi réparti : Chimie, Toxico-

3

logie, Pharmacie, Physique appliquée, Histoire naturelle, Zoologie, Botanique, Cryptogamie, Minéralogie et Hydrologie.

Dans le but d'aider l'enseignement supérieur, d'en augmenter l'efficacité, il fut créé, sous le ministère de M. Duruy, en 1868, une institution qui plaça à côté de la théorie les exercices qui peuvent la fortifier et l'étendre, et qu'on nomma l'*Ecole pratique des Hautes études*. Le principe de l'Ecole est le travail en commun du maître et des élèves, aussi le nombre de ceux-ci est-il fort restreint ; ils se recrutent surtout parmi les élèves des écoles spéciales qui viennent terminer là leurs études.

Voici les divisions de l'enseignement et les noms des professeurs actuels ; ces noms nous dispenserons de tout commentaire :

1re section. — Sciences physiques et chimiques : — Physique, M. Desains ; Physique, M. Jamin ; Chimie, M. Schutzenberger ; Chimie, MM. Fremy, Wurtz, Dumas, Troost, Debray ; Chimie physiologique, M. Pasteur ; Chimie organique, M. Berthelot ; Minéralogie, M. Friedel.

2e section. — Sciences naturelles : Botanique, MM. Bureau, Duchartre, Baillou, Chatin, Van Tieghen ; Géologie, M. Hebert ; Corps inorganiques, M. Fouqué ; Zoologie, M. Milne Edwards ; Zoologie expérimentale, M. de Lacaze-Duthiers ; Physiologie, M. Marey ; Physiologie expérimentale, M. Bert ; Physiologie générale, M. Rouget ; Physiologie des organes de la vision, M. Javal ; médecine, M. Brown Sequard ; Histologie, M. Ranvier ; Histologie zoologique, MM. Robin et Pouchat ; Pathologie expérimentale, M. Vulpian ; Anthropologie, M. Mathias-Duval ; Recherches météorologiques, M. Renou ; Zoologie maritime, M. Marion, à Marseille, M. Barrois, à Villefranche.

3e section. — Histoire, philologie et archéologie ; Antiquités égyptiennes et éthiopiennes, Philologie, antiquités romaines ; Langues romanes, Langues persane, sénitique et zeude, Langue sanscrite, Langue allemande, Histoire, Grammaire comparée ; Langue et littérature celtiques.

4e section. — Sciences économiques.

5e section. — Sciences mathémathiques.

La durée des cours de l'Ecole pratique des hautes études est de trois ans ; ils consistent en travaux à l'Observatoire de Paris, aux laboratoires du Collège de France, en conférence etc.

Au premier rang parmi les établissements d'enseignement supérieur se place le *Collège de France*.

Nous en avons indiqué la fondation et le point de départ ; le nombre de ses chaires s'est constamment augmenté, et il est arrivé aujourd'hui au chiffre de quarante. Voici les noms de chacune d'elles.

Mécanique céleste, Mathématiques, Physique générale et mathématique, Physique générale et expérimentale, Chimie, Chimie organique, Médecine, Anatomie générale, Histoire naturelle des corps inorganiques, Histoire naturelle des corps organisés, Embryogénie comparée, Droit de la nature et des gens, Histoire des législations comparées, Economie politique, Histoire des doctrines économiques, Histoire et Morale, Epigraphie et Antiquités romaines, Philologie et Archéologie égyptiennes, Philologie et Archéologie assyriennes, Langues hébraïque, chaldaïque et syriaque, Langue arabe, Langue persane, Langue turque, Langue et littérature chinoise et tartare-mandchoue, Langue et littérature sanscrite, Langue et littérature grecque, Eloquence latine, Poésie latine, Philosophie grecque et latine, Philosophie moderne, Langue et littérature française du Moyen-âge, Langue et littérature française modernes, Langues et littératures d'origine germanique, Langues et littératures de l'Europe méridionale, Langues et littératures d'origine slave, Grammaire comparée, Epigraphie grecque et antiquités, Esthétique, Histoire des religions, Langue celtique.

Comme on le voit, cet enseignement embrasse à peu près toutes les connaissances humaines.

Les autres établissements d'enseignement supérieur sont:

L'*Ecole des langues orientales vivantes*, dont le titre dit assez l'objet;

L'*Ecole des Chartes*, créée le 1er février 1821, et qui est destinée à former des archivistes paléographes, des érudits, des bibliothécaires. Elle a pour objet l'étude aprofondie des monuments de l'histoire; les cours y sont ainsi distribués: Paléographie, Langues romanes,

Bibliographie, Classement des Bibliothèques et archives, Diplomatie, Institutions politiques, Administratives et judiciaires de la France, Droit civil et canonique du Moyen-âge, Archéologie du Moyen-âge ;

L'Ecole française d'Athènes créée le 11 sept. 1846, et qui a pour objet l'étude de la langue, de l'histoire et des antiquités grecques. Le nombre des élèves est limité à six ; ils reçoivent, pendant les deux ans de leur séjour à Athènes, un traitement de 4,000 francs ;

L'Ecole française de Rome, qui est en quelque sorte l'école préparatoire de la précédente et qui est instituée sur les mêmes bases.

Le Muséum d'histoire naturelle, où l'on enseigne la Géologie, la Minéralogie, la Botanique, la Zoologie, l'Anatomie comparée, la Culture, la Chimie générale et appliquée, la Physique appliquée à l'histoire naturelle, la Physiologie générale, la Paléontologie, la Physique végétale, la Physiologie végétale et la Pathologie comparée.

On peut encore classer parmi les institutions d'enseignement supérieur les établissements scientifiques tels que le *Bureau des longitudes*, les différents *Observatoires*, le *Bureau central météorologique* et les *Bibliothèques universitaires*.

La France dépense, pour l'enseignement supérieur, la somme de 14,620,733 fr.

Ainsi répartie :

Budget de 1885

Facultés de théologie.   .   .   .   .   252.900 fr.
    —   droit 1.542.500
    —   médecine 2.782.250
    —   sciences. 2.053.665
    —   lettres 1.166.800
Ecoles supérieures de pharmacie.   518.150
Ecoles préparatoires d'enseignement
  supérieur à Alger. 720.650
Dépenses communes à toutes les Fa-
  cultés (Bourses, Construction de
  bâtiments, etc.). 2.029.005
Bibliothèques universitaires.   .   .   455.935
Ecole des Hautes Etudes.   .   .   .   330.000
Collège de France. 490.280
Ecole des Langues orientale vi-
  vantes 157.616
    —   des Chartes 71.300
    —   française d'Athènes.   .   .   79.400
    —   —   de Rome.   .   .   73.640
Muséum d'Histoire naturelle.   .   .   918.442
Bureau de Longitudes. 170.600
Observatoire de Paris. 317.700
Bureau central météorologique.   .   182.500
Observ. d'Astronomie de Meudon   .   80.000
    —   —   de Marseille .   16.100
    —   —   de Toulouse .   12.000
    —   —   de Bordeaux .   20.000

A reporter.   14.441.433 fr.

	Report.	14.441.433 fr.
Observ. d'Astronomie de Lyon . .		20.000
— — de Montsouris.		40.000
— — de Besançon .		20.000
— — de Puy - de - Dome.		22.000
— — de Pic du Midi.		30.000
Ecole d'Astronomie et dépenses communes à tous les observatoires.		47.300
Total. . . .		14.620.733 fr.

Les dépenses de l'Ecole normale supérieure sont comprises, au Budget, dans celles des Etablissements d'Enseignement supérieur ; elles s'élèvent à 513.260 fr.

Et se décomposent ainsi :

Administration.—Personnel. . .		37.600
Enseignement id. . . .		240.350
Agents divers (médecins, agents inférieurs)		19.210
Matériel. — (Prix de la pension des élèves, Manipulations, Frais de cours et laboratoire, Bibliothèque, Frais de bureau, etc.). . . .		216.100
Total. . . .		513.260 fr.

Dans le chapitre suivant, consacré aux Ecoles normales, nous parlerons de l'histoire et de l'état actuel de l'Ecole normale supérieure,

CHAPITRE IV

Les Ecoles Normales

I

HISTORIQUE.

Les écoles normales sont des établissements d'enseignement destinés à former des professeurs. En même temps qu'ils y complètent leurs études, les élèves y sont initiés aux différentes méthodes d'enseignement.

L'enseignement primaire fut la grande préoccupation de la Convention nationale. Elle avait rendu obligatoire la création d'une école dans chaque commune; mais, pour passer de la théorie à la pratique, de l'ordre à l'exécution, il fallut créer des instituteurs, et c'est dans ce but que, sur le rapport de Lakanal, la Convention rendit, le 9 brumaire an III (30 octobre 1794), un décret aux termes duquel, voulant accélérer l'époque où elle pourra faire répandre d'une manière uniforme l'instruction nécessaire à des citoyens français, elle décidait la création, à Paris, d'une école normale où seront appelés, de toutes les parties de la République, « des citoyens déjà instruits dans les sciences utiles, pour apprendre, sous les professeurs les plus habiles dans tous les genres, l'art d'enseigner. » Tous les élèves devaient être externes, au nombre de 1400 et ils devaient, après quatre mois d'études, rentrer dans leurs districts respectifs et ouvrir, dans les trois chefs-lieux de canton désignés par l'administration de district, des écoles normales, dont l'objet serait de transmettre aux citoyens « et citoyennes qui voudraient se vouer à l'enseignement public, la méthode d'enseignement qu'ils auraient acquise à l'école normale de Paris. »

Napoléon Ier, par la loi du 15 mars 1808, ordonna « qu'il serait pris par l'Université des mesures pour que l'art d'enseigner à lire, à écrire et les premières notions du calcul dans les écoles primaires ne fut exercé, désormais, que par des maîtres assez éclairés pour communiquer facilement et sûrement ces premières connaissances nécessaires à tous les hommes. A cet effet, il sera établi auprès de chaque académie et dans l'intérieur des collèges et des lycées, une ou plusieurs classes normales destinées à former des maîtres pour les écoles primaires. On y exposera les méthodes les plus faciles à perfectionner l'art de montrer à lire, à écrire et à chiffrer. »

Une seule ville exécuta ce décret sans retard ; c'est à Strasbourg que fut créée la première école normale de France (1810). Dix ans plus tard, Heldefauge (Moselle) et Bar-le-Duc (Meuse) en créaient de semblables. On trouve dans ces conditions l'explication du rang si honorable que trouvent toujours nos départements de l'Est dans l'instruction. En effet, comme le disait

M. Guizot: « l'Instruction primaire est tout entière dans les écoles normales; ses progrès se mesurent à ceux de ses établissements. »

A Paris, les premières écoles normales créées dans ce siècle furent celle de la rue Saint-Jean de Beauvais, pour les instituteurs, de la Halle-aux-Draps, pour les institutrices (1819). Elles se multiplièrent peu à peu et atteignirent, en 1832, le chiffre de 36. Mais toutes étaient des écoles privées et c'est le règlement du 14 décembre 1832 qui les plaça sous la surveillance de l'Etat et établit ainsi leur organisation :

L'enseignement comprend : l'instruction morale et religieuse, la lecture, l'écriture, l'arithmétique, la grammaire française, le dessin linéaire, l'arpentage des notions de sciences physiques, la musique, la gymnastique, les éléments de l'histoire et de la géographie de France, l'apprentissage des meilleures méthodes auxquelles les élèves seront exercés dans une ou plusieurs classes primaires annexées à l'école normale, la rédaction des actes de l'Etat civil, la greffe et la taille des arbres.

Le directeur était nommé par le Ministre de l'instruction publique, sur la présentation du recteur et du préfet. Il est chargé d'une partie importante de l'enseignement et est secondé par des maîtres choisis par le recteur, sur la proposition d'une commission de surveillance et sauf l'approbation du Ministre. Il n'était pas question d'âge ni de capacité. Les élèves étaient internes ou externes; aucun d'eux ne pouvait être admis avant l'âge de seize ans, et s'ils n'avaient subi un examen préalable par lequel ils étaient tenus de prouver qu'ils savaient lire et écrire correctement, qu'ils possédaient les premières notions du calcul et de la grammaire française et qu'ils avaient une connaissance suffisante de la religion qu'ils professaient. Enfin, ils devaient prendre l'engagement de servir pendant dix ans au moins dans l'instruction publique comme instituteurs communaux.

M. Guizot avait proposé d'obliger tout département à entretenir une école normale primaire, mais les chambres modifièrent ainsi cet article : « Tout département sera tenu d'entretenir une école normale primaire, *soit par lui-même, soit en se réunissant à un ou deux départements voisins.*

Malgré cette restriction, presque tous les départements tinrent à honneur d'avoir leur école normale, mais l'enseignement n'ayant pas été efficacement réglementé, on l'exagéra et, des plaintes s'élevèrent qui eurent pour résultat cet article de la loi du 15 mars 1850 : « Les écoles normales peuvent être supprimées par le Conseil général du département; elles peuvent l'être également par le Ministre, en Conseil supérieur, sur le rapport du Conseil académique. »

Peu de Conseils généraux usèrent du droit qui leur était concédé, et pas un Ministre n'osa le faire; mais comme les programmes antérieurs avaient paru exagérés dans leur développement, on les reforma en les exagérant dans l'autre sens, et l'on ne devait plus, dans les écoles normales, enseigner : obligatoirement que l'instruction religieuse et morale, la lecture, l'écriture, les éléments de la langue française, l'arithmétique, le système métrique et le chant religieux ; facultativement : l'arithmétique appliquée aux opérations pratiques, les éléments d'histoire et de géographie, des notions de sciences physiques et naturelles applicables aux sciences de la vie, les éléments de l'agriculture, de l'industrie et de l'hygiène, le dessin linéaire, l'arpentage, le nivellement et la gymnastique.

M. Duruy eut une bienfaisante influence sur les écoles normales, il prescrivit aux élèves des observations météorologiques destinées à l'Observatoire, l'enseignement de l'arboriculture fut recommandé, celui de la musique rendu obligatoire ; des conférences pédagogiques furent instituées ; le 27 août 1867, l'enseignement de l'agriculture fut fondé, et l'on nomma un certain nombre de professeurs départementaux d'agriculture.

II

ÉTAT ACTUEL

M. Jules Ferry eut l'honneur de fixer définitivement l'organisation et les programmes des écoles normales primaires (Décrets des 29 juillet 1882 et 16 avril 1883).

Les écoles normales relèvent du recteur, sous l'autorité du Ministre de l'Instruction publique ; le directeur doit offrir des garanties particulières de capacité ;

il n'est plus chargé que de la partie de l'enseignement la plus élevée : la pédagogie, la psychologie et la morale ; des économes spéciaux sont créés ; l'âge d'admission des élèves est abaissé à quinze ans.

Nous ne pouvons mieux donner une idée du règlement intérieur qu'en citant l'emploi du temps et le tableau de la répartition des matières d'enseignement :

Emploi du temps.

Article Ier. — L'emploi des journées autres que les jeudis, dimanches et jours de fête, est réglé ainsi qu'il suit dans les écoles normales primaires d'instituteurs :

Il sera donné huit heures au moins au sommeil.

Sur les heures de la journée, six environ seront employées aux soins de propreté, repas, récréations et exercices corporels.

Des heures réservées au travail, cinq au moins seront consacrées au travail personnel, aux lectures et à la préparation des classes en étude.

Aucun cours n'aura lieu le dimanche, non plus que dans l'après-midi du jeudi, l'emploi de ces journées sera réglé par le directeur, conformément aux prescriptions des art. 31, 32 et 33 du décret du 29 juillet 1881.

Art. 2. — Les élèves maîtres sont, à tour de rôle, exercés à la pratique de l'enseignement, sous la direction du maître chargé de l'école annexe, conformément aux dispositions de l'art. 6 du décret du 29 juillet 1881.

Les élèves de première année assistent à ces exercices; les élèves de deuxième année remplissent les
fonctions d'instituteurs-adjoints, ceux de troisième
année peuvent être plus particulièrement associés à la
direction de la classe.

. . . .

Art. 3. —Les élèves de troisième année et, pendant
le second semestre, ceux de deuxième année sont fré-
quemment exercés, soit en classe, soit dans les conférences, à l'enseignement oral sur chacunes des matières du programme d'études. Sous la direction de
leurs professeurs, ils rendent compte d'une leçon ou
d'une lecture, expliquent un texte français, corrigent
un devoir, exposent une question de cours ou les
résultats d'un travail personnel.

Les élèves de troisième année font, en outre, à tour
de rôle, des leçons devant leurs professeurs et les
élèves-maîtres.

. . . .

Art. 4. — . . . .
. . . . Le Directeur proscrira l'u-
sage des manuels faits en vue de l'examen, l'abus des
cours dictés, des copies, des cahiers dits de mise au
net, de tout procédé qui encouragerait le travail ma-
chinal et tendrait à substituer un effort de mémoire
à un effort de réflexion.

. . . .

Dans les écoles normales d'institutrices, la directrice
doit s'efforcer, par des conseils et des directions pra-

tiques, d'initier les élèves-maîtresses à tout ce qui concerne les travaux et les soins du ménage.

Art. 5. — La répartition des matières d'enseignement dans les écoles normales est réglé par année et par cours, conformément aux tableaux ci-après.

ÉCOLES D'INSTITUTEURS

Matières d'Enseignement

	HEURES PAR SEMAINE		
	1ʳᵉ année	2ᵉ année	3ᵉ année
Instruction morale et civique.	2	2	1/2
Pédagogie et administration scolaire	1	1	1 1/2
Langue et éléments de littérature française	7	5	4
Histoire	4	3	3
Géographie	1	1	1
Arithmétique	2	3	3
Géométrie	1	2	3
Physique.	1/2	2	2
Chimie	1/2	2	1·
Sciences naturelles. . . .	1	1	2
Agriculture et horticulture.	»	1	1
Écriture	3	1	»
Dessin	4	4	4
Chant et musique	2	2	2
TOTAL des heures d'enseignement . . .	29	30	28

Enseignement donné pendant les récréations :

	1	2	3
Gymnastique . , . . .	3	3	3
Travaux agricoles et manuels,	4	4	4

Matière facultative

	1	2	3
Langues vivantes	2	2	2

ÉCOLES D'INSTITUTRICES

Matières d'Enseignement

	HEURES PAR SEMAINE		
	1ʳᵉ année	2ᵉ année	3ᵉ année
Instruction morale et civique.	1	1	1
Pédagogie et administration scolaire . . . . , . .	1	1	1
Langue et éléments de littérature française.	6	5	4
Histoire . . , ...	4	3	3
Géographie	1	1	1
Arithmétique	3	3	3
Physique.	»	1/2	1
Chimie	»	1	1/2
Sciences naturelles	1	1	1 1/2
Économie domestique et hygiène	»	1/2	1
Écriture	3	1	»
Travaux de couture . . .	3	3	3
Dessin	4	4	4
Chant et musique	2	2	2
	29	27	26

Enseignement donné pendant les récréations

Gymnastique. , ...	2	2	2
Herborisation et jardinage. . .	2	2	2

Matière facultative

Langues vivantes	2	2	2

III

ÉCOLES NORMALES SUPÉRIEURES D'ENSEIGNEMENT PRIMAIRE

De même qu'en créant les écoles primaires on avait été amené à créer des écoles normales ayant pour but de leur fournir des instituteurs, on sentit, lorsque ces écoles normales furent instituées, le besoin d'organiser une école destinée à les munir de professeurs; c'est à cet effet que furent créées les écoles normales supérieures de Fontenay-aux-Roses et de Saint-Cloud.

La première est consacrée à la formation d'institutrices. Ne peuvent y être admises que les célibataires ou veuves ayant 20 ans au moins et 25 ans au plus, munies du brevet supérieur ou d'un diplôme de bachelier, qui satisferont à un examen.

L'Ecole de Saint-Cloud, primitivement ouverte à Sèvres, est consacrée à la formation d'instituteurs pour les écoles normales primaires. La durée du cours est fixée à deux ans. L'école est gratuite et peut recevoir des internes et des externes. Le règlement intérieur

et les conditions d'admission sont, à peu de choses
près, les mêmes que pour l'école de Fontenay-aux-
Roses.

IV

ÉCOLE NORMALE SUPÉRIEURE

L'Ecole normale supérieure a pour objet la forma-
mation des professeurs pour l'enseignement secondaire
et supérieur.

Elle fut créée par le décret du 17 mars 1808, dont
les dispositions furent complétées par le règlement du
30 mars 1810 et modifiées par la Restauration.

L'Ecole fut licenciée le 6 septembre 1822, comme
entaché de libéralisme; rétablie, sous un autre nom,
le 9 mars 1826, puis sous son premier titre en 1830.
Elle fut établie dans les bâtiments de la rue d'Ulm,
qu'elle occupe encore aujourd'hui. en 1846. M. Rou-
laud la dota d'un laboratoire de chimie; elle fut de
nouveau licenciée en 1867 pour cause politique et
rétablie peu de temps après.

La durée des cours est de trois ans. Les élèves sont
internes et recrutés par voie de concours.

Le programme est des plus développés. On peut
juger de l'école par les résultats qu'elle a produits :
contentons-nous de rappeler que MM. Breal, Van
Tieghen, About, Sarcey, Weiss, Caro, Pasteur, Jules
Simon et Wallon sont des anciens élèves de l'Ecole
normale supérieure.

Nous ne pouvons clore ce chapitre sans mentionner

l'*Ecole normale de Cluny*. Elle est sise à Cluny (Bourgogne), a été créée par M. Duruy et a pour but de former des professeurs d'enseignement professionnel.

CHAPITRE V

—

L'Enseignement professionnel

L'enseignement professionnel est un système d'éducation qui s'occupe spécialement de donner à l'élève les connaissances particulières qui lui seront nécessaires dans la profession qu'il a choisie.

C'est encore à la Convention que la France doit les premières tentatives dans ce sens; mais les institutions établies jusqu'à ces dernières années ne s'occupaient guère que de préparer aux professions dites libérales. On a compris depuis combien le commerce et l'industrie pouvaient gagner à être pratiqués par des hommes préparés spécialement dès l'enfance; les écoles professionnelles se multiplient sur notre territoire d'une façon qui permet les plus belles espérances pour l'avenir.

Nous allons passer en revue les principaux établissements de ce genre.

A leur tête, il faut placer les écoles militaires : le Prytanée, l'école polytechnique, l'école de Saint-Cyr et l'école navale.

Le *Prytanée militaire* a été fondé par Louis XV à Paris, supprimé en 1770 et rétabli par Napoléon Ier, qui le transféra à La Flèche. Il disparut de nouveau en 1830 pour réapparaître l'année suivante. C'est, à proprement parler, un lycée militaire où l'on n'est admis que par voie de concours.

L'*Ecole polytechnique* fut créée dans le but de fournir des élèves aux écoles des ponts et chaussées, de l'artillerie, des constructions maritimes, etc. Elle fut fondée en 1794 sous le nom d'école centrale des travaux publics, prit, l'année suivante, le nom d'école polytechnique et fut organisée militairement en 1804.

Outre les ingénieurs civils, elle fournit à l'armée des officiers. La durée des cours est de deux ans. L'école est commandée par un général de brigade assisté de deux conseils.

L'*Ecole de Saint-Cyr* fut fondée en 1803, à Fontainebleau et transférée à Saint-Cyr en 1808. Son but exclusif est la formation d'officiers d'infanterie.

L'*Ecole navale* est établie à bord du navire « Le Borda » en rade de Brest et forme des officiers pour la marine de l'Etat.

L'*Ecole des ponts et chaussées* fut légalement instituée en 1791, mais elle existait déjà depuis longtemps à l'état d'institution libre. Elle avait été créée par l'ingénieur Perronnet. Son but est la formation d'ingénieurs pour le corps des ponts et chaussées.

Des *écoles d'agriculture* sont installées à *Grignon* (Seine-et-Oise), *Grand-Jouan* (Loire-Inférieure), et à *Montpellier* (Hérault). Leur nom dit assez leur objet.

En outre, une *école d'horticulture* a été créée en 1874 et installée à Versailles.

L'École forestière de Nancy a pour but d'assurer le recrutement des gardes généraux des forêts.

Les *écoles d'hydrographie*, qui ont été établies par la loi du 10 avril 1791 dans les principales villes maritimes, ont pour but de donner aux marins les connaissances scientifiques nécessaires pour l'obtention du brevet de capitaine au long cours et de maître au cabotage.

Les *écoles vétérinaires* sont au nombre de trois et sises à *Alfort, Lyon et Toulouse*. A leur sortie de ces écoles, les élèves reçoivent le diplôme de vétérinaire.

L'École nationale des Arts décoratifs a été fondée en 1767, sous le titre d'école gratuite de dessin. Elle enseigne actuellement le dessin appliqué à l'industrie.

Une *école nationale des Arts et métiers* est installée dans chacune des villes suivantes : Châlons-sur-Marne, Angers et Aix. Elles forment des ouvriers, contremaîtres et chefs d'ateliers pour l'industrie. C'est en même temps une école de travail manuel.

Au *Conservatoire des Arts et métiers* ont été établis des cours de sciences appliqués aux arts et à l'industrie.

L'*Ecole centrale des Arts et manufactures* a été créée en 1829. Son but est la formation d'ingénieurs civils. Elle jouit de la plus grande renommée.

L'*Ecole des mines* fut fondée en 1783, son but est de former des ingénieurs des mines; les élèves sont recrutés parmi les élèves sortants de l'école polytechnique.

A Alais et à Douai ont été créées des *écoles de maîtres ouvriers mineurs*, les élèves doivent avoir déjà travaillé dans une mine.

L'*Ecole des Beaux-Arts* a été formée par la réunion des écoles de peinture et de sculpture instituées sous Louis XIV. Elle conserva le règlement qui lui fut donné en 1819 par Louis XVIII jusqu'en 1863. A cette époque, M. de Nieukerke, surintendant des Beaux-Arts, présenta un projet de réorganisation qui motiva le décret du 13 novembre 1863, aux termes duquel les cours suivants sont professés par le personnel de l'école : histoire de l'art et esthétique, anatomie, perspective, mathématiques élémentaires, géométrie descriptive, etc. Les concours aux grands prix de Rome se font à l'école. Tous les artistes de quinze à vingt-cinq ans, qu'ils soient élèves ou non, peuvent concourir après avoir réussi dans deux épreuves préalables. Les concours de peinture, de sculpture et d'architecture sont annuels. Un prix unique est décerné pour chaque branche de l'art. Les lauréats sont pensionnés par l'Etat pendant quatre années; ils sont tenus de passer deux annnées à l'école de Rome.

Un décret du 25 mai 1874, modifia une partie de ces dispositions; depuis ce temps, l'Ecole comprend l'école proprement dite et des ateliers spéciaux: trois de peinture, trois de sculpture, trois d'architecture, un de gravure en taille douce, un de gravure en médailles et en pierres fines. Le personnel attaché à l'Ecole pour l'enseignement comprend: Un professeur de dessin, un professeur de sculpture, des professeurs de dessin ornemental, d'anatomie, d'histoire générale, de stéréotomie, de géométrie, etc. Un professeur de la théorie de l'architecture. En dehors de ces professeurs titulaires, le conseil supérieur peut permettre à des artistes distingués de donner l'enseignement.

Le Conservatoire de musique et de déclamation fondé en 1789 a pour but de fournir des sujets pour les théâtres.

Nous mentionnerons encore parmi les établissements d'enseignements professionnels l'*Ecole nationale de dessin pour jeunes filles* et les *Ecoles ménagères* dont la première fut fondée à Reims en 1873 et qui ont pour objet la préparation des jeunes filles aux travaux de tous genres: coupe, couture, lingerie, repassage et tenue du ménage.

CHAPITRE VI

—

L'enseignement Secondaire

—

L'enseignement secondaire était donné, avant la Révolution, dans des *Collèges*.

Nous avons vu comment ces établissements se formèrent par suite de l'agglomération des écoliers, et comment, de simples maisons, d'hôtellerie qu'ils étaient au début, ils devinrent ensuite de véritables établissement d'enseignement. Les Jésuites qui cherchaient à se rendre tout puissants en s'assimilant la jeunesse, créèrent l'enseignement secondaire en France. Mais leur programme, fort étroit d'ailleurs, ne s'était pas débarrassé complètement de la vieille scolastique ; les cours se faisaient toujours en latin, et l'étude de cette langue tenait la plus large place. Les Religieux de Port-Royal tendirent à élargir ce cercle si étroit, mais ils n'en eurent pas le temps. Les Oratoriens, qui succédèrent aux Jésuites, restèrent les seuls représentants de l'enseignement secondaire jusqu'à la Révolution.

A la faveur des rivalités qui s'étaient élevées, la branche d'enseignement qui nous occupe s'était développée dans des proportions remarquables. C'est ainsi que l'on comptait, à la fin du siècle dernier, dix collèges à Paris, dans lesquels un nombre assez considérable d'enfants pouvaient recevoir gratuitement l'instruction.

Après plusieurs tentatives de réorganisation, la Convention adopta, le 7 ventôse an III (25 février 1795), le décret relatif aux écoles centrales. Elle décida d'abord qu'il y aurait une école par 300,000 habitants. Chaque école devait posséder: un professeur de mathématique, de physique et de chimie expérimentale, d'histoire naturelle, de méthode des sciences et d'analyse, des sensations et des idées, d'économie politique et de législation, d'histoire philosophique des peuples, d'hygiène, d'arts et métiers, de grammaire générale, de belles lettres, de langues anciennes, de langues vivantes; de dessin. A chaque école devaient être annexés: une bibliothèque publique; un jardin et un cabinet d'histoire naturelle, un cabinet de physique, une collection de machines.

Le décret du 25 octobre 1795 institue une école centrale par département et divise l'enseignement en trois sections:

1re section. — Dessin, Histoire naturelle, Langues anciennes, Langues vivantes;

2me section. — Eléments de mathématiques, Physique et chimie expérimentale;

3me section. — Grammaire générale, Belles lettres, Histoire, Législation.

L'école ne reçoit que des externes; la rétribution

annuelle est de 25 livres, et le quart des élèves peut en être dispensé pour cause d'indigence.

La loi du 1er mai 1802, en réorganisant complètement l'Instruction publique, la divisait en trois parties :

1° Les écoles primaires ;

2° Les écoles secondaires ;

3° Les lycées et les écoles spéciales.

Le nom d'Ecoles secondaires était donné à toute école dans laquelle on enseignait les langues latine et française, les premiers principes de la géographie, de l'histoire et des mathématiques.

Les lycées étaient destinés à remplacer les écoles centrales ; on y enseignait spécialement le latin et les mathématiques. Il devait y avoir six classes pour l'étude du latin et six classes parallèles pour l'étude des mathématiques.

L'étude du latin comprenait aussi celle de l'histoire et de la géographie ; et les sciences physiques et naturelles étaient comprises dans les classes de mathématiques. Le règlement du 19 septembre 1809 établit deux années de grammaire, deux d'humanités et une de rhétorique.

Sous la Restauration, les lycées prirent le nom de Collèges Royaux. Ils gardèrent cette dénomination jusqu'en 1848, tandis que les écoles secondaires établies par la loi du 1er mai 1802, et qui étaient placées sous l'autorité du préfet, prirent le nom de Collèges communaux et furent divisés en deux ordres : les Col-

lèges de plein exercice et ceux qu'on aurait pu appeler
Collèges élémentaires.

Le décret du 10 avril 1852 divisa chaque lycée en
deux parties :

1° La division de grammaire ;

2° La division supérieure, partagée elle-même en
deux enseignements distincts : les lettres et les sciences.
Cette organisation avait un très grand défaut ; elle
forçait les enfants à choisir entre deux enseignements : celui des lettres et celui des sciences à un âge
où ni eux ni leurs parents ne pouvaient le faire. Ce
système, que l'on a appelé la bifurcation, ne fut aboli
que par M. Duruy. C'est également à ce ministre que
l'on doit l'organisation de l'enseignement secondaire
spécial par la loi du 21 juin 1865. Il est destiné aux
enfants qui ne peuvent terminer leurs études et dis-
poser « d'un assez gros capital de temps et d'argent. »
Les matières de cet enseignement sont disposées « de
telle sorte que chaque année d'études forme un tout
complet en soi et que les plus indispensables soient
placées dans les premiers cours. » L'essai de cette
réforme fut fait au lycée de Mont-de-Marsan ; il y
réussit si bien, qu'en peu de temps plusieurs collèges
s'empressèrent de suivre l'exemple qui leur était
donné.

« L'enseignement secondaire spécial, dit M. Eugène
Durand, sous secrétaire d'Etat à l'Instruction publique, comprend aujourd'hui trois cycles. Le premier
correspond aux classes élémentaires de l'enseignement

classique, et se résume, pour ceux qui ont jusque là suivi l'école primaire, en une seule année de préparation particulière. C'est là la période d'initiation. Avec le deuxième cycle commence, sous le nom de cours moyen, l'enseignement spécial proprement dit, que, sous le nom de cours supérieur, complètera et fortifiera ensuite le troisième cycle.

Le cours moyen comprendra trois années : il suffira à ceux que pressent les nécessités de la vie et qu'appellent immédiatement les professions agricoles, commerciales et industrielles. Le cours supérieur sera de deux années ; il sera suivi par ceux qui ont l'ambition d'une culture intellectuelle plus élevée, et ses programmes seront assez riches pour former des esprits cultivés et solides. L'un et l'autre auront d'ailleurs leur sanction. Ils seront couronnés, le premier, par un certificat d'études qui aura sa valeur, car il sera la preuve d'études sérieuses suivies avec fruits ; le second, par un diplôme de bachelier, par le baccalauréat de l'enseignement secondaire spécial, qui sera, dans la plupart des cas, l'équivalent du diplôme de bachelier ès-sciences, et qui ne tardera pas à être aussi recherché que lui. »

M. Jules Simon s'occupa beaucoup de l'enseignement secondaire. Il donna plus d'importance à la gymnastique, aux langues vivantes, à l'histoire et à la géographie. Enfin, M. Jules Ferry arrêta le programme du 2 Août 1880, qui en est la législation actuelle.

L'étude du latin ne commence plus qu'à partir de la sixième, et l'étude du grec qu'à partir de la quatrième. L'étude de la langue française et des sciences physiques et naturelles prend une très grande place dans les premières années. Pendant toute la durée des études, les exercices écrits sont remplacés le plus possible par les exercices oraux ; les compositions latines sont considérablement diminuées, le vers latin à peu près aboli, l'étude de l'histoire moderne et particulièrement celle de la France reçoit un très grand développement ; il est accordé autant de temps à l'étude des langues vivantes qu'à celle des sciences.

La physique, la chimie, la botanique, la minéralogie, la géologie sont enseignées dans les classes de lettres depuis la huitième jusqu'à la quatrième, inclusivement, avec quelques notions d'arithmétique. De la troisième à la philosophie, il s'y joint des études mathématiques plus sérieuses. M. Jules Ferry institua en outre des examens de passage, et les élèves ne peuvent quitter une classe pour entrer dans une autre sans y avoir satisfait.

La loi du 21 décembre 1880 créa l'enseignement secondaire des filles.

Les établissements sont des externats ; des internats peuvent y être annexés sur la demande des conseils municipaux et après entente avec l'État.

« Le lycée ou le collège ne s'ouvre à la jeune fille qu'à partir de douze ans. Jusque là, elle doit suivre l'école primaire ou faire ailleurs des études équivalentes. De 12 à 17 ans, la scolarité est partagée en deux périodes : de 12 à 15 ans, période d'enseignement commun et obligatoire, embrassant presque dans une égale mesure toutes les matières scientifiques et littéraires; de 15 à 17, période d'enseignement mi-partie obligatoire mi-partie facultatif, portant sur les mêmes matières revues de plus haut et avec plus de développement. Par ces dispositions, on s'est proposé, d'une part, de faciliter aux élèves de l'école primaire l'accès du lycée, d'autre part, de donner à la jeune fille, au bout de trois ans, un ensemble complet des connaissances qu'elle doit posséder (GRÉARD).

Le programme de cet enseignement est tout particulier, il a été dressé par le Ministre de l'instruction publique, en vertu :

De la loi du 21 décembre 1880;

Du décret du 28 juillet 1881;

Du décret du 14 juillet 1882;

Des arrêtés des 14 janvier et 28 juillet 1882.

Et après avoir entendu le Conseil supérieur de l'instruction publique.

Ce programme se divise par période et par année, il comprend les matières et les éléments applicables à chaque période et à chaque année.

Nous avions eu l'idée de le donner en appendice à la suite de cet ouvrage; mais les parties qui le composent exigeant une trop longue énumération, nous en ferons une brochure spéciale qui paraîtra prochainement.

CHAPITRE VII

—

L'enseignement primaire

———

I

RÉSUMÉ HISTORIQUE

Nous avons vu que l'enseignement primaire a été créé par la Convention, et qu'avant elle il n'existait pour ainsi dire pas. Il n'était représenté que par les établissements congréganistes et les *petites écoles* qui étaient en assez grand nombre, mais dont le programme était des plus restreints. Enfin, l'Etat n'intervenait ni pour surveiller les écoles, ni pour les soutenir. La Convention décréta l'obligation et la gratuité de l'enseignement primaire, mais elle n'eut pas le temps d'assurer l'exécution de ces mesures.

Napoléon Ier en reprit l'idée en la diminuant et, par la loi du 1er mai 1802, ordonne que l'instruction primaire sera donnée dans des écoles établies par les communes, mais une école peut appartenir à plusieurs communes à la fois. Les instituteurs primaires furent rattachés à l'Université par la loi du 17 mars 1808; l'ordonnance du 29 février 1816 établit dans chaque canton un comité de charité composé du curé, du juge de paix et du principal du collège. Ce comité est chargé de veiller au maintien de l'ordre, des mœurs et de l'enseignement religieux. Chaque école a pour surveillants spéciaux le curé et le maire.

Pour la première fois, l'enseignement primaire fut régulièrement organisé par la loi du 28 juin 1833, qui distingue deux ordres d'enseignement : l'instruction primaire élémentaire, comprenant nécessairement l'instruction morale et religieuse, la lecture, l'écriture, les éléments de la langue française et du calcul, le système légal des poids et mesures ; l'instruction primaire supérieure comprenant nécessairement, en outre, les éléments de la géométrie et des applications usuelles, spécialement le dessin linéaire et l'arpentage, des notions des sciences physiquees et les éléments de l'histoire et de la géographie de la France. La loi n'admet pas les principes de la gratuité ni celui de l'obligation. Le caractère particulier de cette loi, et ce qui fait qu'elle constitue un immense progrès, c'est l'obligation qu'elle impose aux départements et aux communes de subvenir aux dépenses de l'enseignement. Toute commune est tenue, soit par elle-même, soit en se réunissant à une ou plusieurs communes voisines, d'entretenir au moins une école primaire élémentaire.

La loi du 15 mars 1850 créa un inspecteur primaire par arrondissement et encouragea des cours d'adultes.

M. Duruy institua des écoles de hameau, donna de l'extension à la gratuité et chercha, sans y réussir, à établir l'obligation.

Après 1870, tous les esprits se tournent vers cette

question de l'enseignement, qui apparaît comme la question vitale du pays, et les lois du 16 juin 1881 et du 28 mars 1882 rendent enfin l'instruction primaire gratuite et obligatoire.

II

ÉTAT ACTUEL

Les instituteurs sont nommés par le préfet sur le rapport du directeur de l'enseignement primaire et sur une liste dressée par le conseil départemental de l'instruction publique. Une commission municipale scolaire est instituée dans chaque commune pour surveiller et encourager la fréquentation des écoles. Le père, le tuteur, la personne qui a la garde de l'enfant doit, quinze jours au moins avant la rentrée des classes, faire savoir au maire de la commune s'il entend faire donner à l'enfant l'instruction dans la famille ou dans une école publique ou privée ; dans ces deux derniers cas, il indiquera l'école choisie. En cas de non déclaration de la part des personnes responsables, le maire inscrit d'office l'enfant pour l'une des écoles publiques et en avise la famille.

Aux termes de l'arrêté ministériel du 27 juillet 1882, qui règle l'organisation pédagogique et le plan d'études des écoles primaires publiques, l'enseignement primaire dans ces écoles est partagé en trois cours : cours élémentaire, cours moyen, cours supérieur. La constitution des trois cours est obligatoire dans toutes les écoles, quel que soit le nombre des classes et des élèves.

La durée des études se divise ainsi :

Classe enfantine : un an ou deux ans, suivant que les enfants entrent à six ans ou à cinq ans.

Cours élémentaire : deux ans, de 7 à 9 ans ;

Cours moyen : deux ans, de 9 à 11 ans ;

Cours supérieur : deux ans, de 9 à 13 ans ;

Cours élémentaire d'enseignement primaire supérieur : un an.

Chaque année, à la rentrée, les élèves, suivant leur degré d'instruction, sont répartis par le directeur dans les diverses classes des trois cours. Le certificat d'études donne droit d'entrée dans le cours supérieur.

Aux termes de l'article 1er de la loi du 28 mars 1882, l'enseignement primaire comprend :

L'instruction morale et civique ;

La lecture et l'écriture ;

La langue et les éléments de la littérature française ;

La géographie, particulièrement celle de la France ;

L'histoire, principalement celle de la France jusqu'à nos jours ;

Quelques notions usuelles de droit et d'économie politique ;

Les éléments des sciences naturelles, physiques et mathématiques ; leurs applications à l'agriculture, à l'hygiène, aux arts industriels, travaux manuels et usage des outils des principaux métiers ;

Les éléments du dessin, du modelage et de la musique ;

La gymnastique ;

Pour les garçons, les exercices militaires ;

Pour les filles, les travaux à l'aiguille.

CHAPITRE VIII

Les Écoles Maternelles

La première idée d'écoles ouvertes aux enfants du premier âge appartient à Oberlin, pasteur du Ban-de-la-Roche, qui, dès le siècle dernier, avait rassemblé les enfants dans des « écoles à tricoter ». Plus tard, la marquise de Pastoret fit un essai dans ce sens à Paris. Quelques années ensuite (1819), il se forma en Angleterre des créations semblables sous le nom « *d'infant shool's* ». L'œuvre reprise à Paris par M. Cochin, fut déclarée d'utilité publique en 1829. En 1837, une ordonnance royale en arrêta l'organisation, et le décret du 2 août 1881 leur donna leur législation actuelle.

Les écoles maternelles sont exclusivement dirigées par des femmes. Nulle ne peut être directrice avant l'âge de 21 ans accomplis et sans être pourvue du certificat d'aptitude. Nulle ne peut être directrice d'une école maternelle annexée à un cours normal avant l'âge de 25 ans, ni sans avoir exercé pendant cinq ans dans les écoles publiques ou libre.

L'école maternelle a pour but de donner aux enfants au dessous de l'âge scolaire les soins que réclame leur développement physique, intellectuel et moral et de les préparer à l'enseignement primaire.

Les enfants sont divisés en deux sections, d'après leur âge et le développement de leur intelligence.

Les premiers principes d'éducation morale sont donnés dans les écoles maternelles publiques, non sous forme de leçons distinctes et suivies, mais par des entretiens familiers, des questions, des récits, des chants destinés à inspirer aux enfants le sentiment de leurs devoirs envers la famille, envers la patrie, envers Dieu.

Ces premiers principes doivent être indépendants de tout enseignement professionnel.

Ils comprennent :

Les connaissances sur les objets usuels.

Les exercices de langage ayant pour but d'habituer les enfants à parler et à rendre compte de ce qu'ils ont vu et compris.

Des combinaisons de lignes, au moyen de lattes, batonnets et leur reproduction sur l'ardoise.

La lecture et l'écriture.

L'enseignement du calcul (combinaisons des nombres de 1 à 10).

Des éléments d'histoire naturelle (désignation des

parties principales du corps humain, des notions sur les animaux les plus connus).

L'observation des lieux où vit l'enfant : les points cardinaux, des notions sur la terre et les eaux; quelques indications sur les grands fleuves, les montagnes et les principales villes de France.

Des récits sur les grands faits de l'histoire nationale.

Des exercices manuels consistant en tressage, tissage, pliage, petits ouvrages de tricot.

Des exercices d'intonation et de mesure les plus simples, des chants à l'unisson et à deux parties qui accompagnent les jeux, gymnastique et les évolutions.

Les leçons ne doivent jamais durer plus d'un quart d'heure ou vingt minutes; elles sont toujours séparées par des chants, des exercices gymnastiques, des marches ou des évolutions.

FIN.

9 782016 202807